Freundschaft
für Kinder

Leo Bormans

Mit Illustrationen von Sebastiaan Van Doninck

Freundschaft
für Kinder

10 Vorlesegeschichten über Freundschaft

DUMONT

Für jeden, der versucht, ein guter Freund zu sein.
Glück besteht darin, es zu teilen.
Ich danke meinen Eltern, meiner Familie und meinen Freunden für das warme Nest.
Und allen Menschen, die mich inspiriert haben, die Flügel auszubreiten.

Leo Bormans

www.theworldbookofhappiness.com

www.leobormans.be

www.degeluksvogels.com

© 2017 für die deutsche Ausgabe: DuMont Buchverlag, Köln

Alle Rechte vorbehalten

Die Originalausgabe erschien 2016 unter dem Titel *Geluk voor kinderen 2* bei Lannoo, Tielt.

© 2016 Uitgeverij Lannoo nv

Gestaltung: Kris Demey

Illustrationen: Sebastiaan Van Doninck

www.lannoo.com

Deutsche Ausgabe

Verlagskoordination: Marisa Botz

Übersetzung: Linda Marie Schulhof

Lektorat: Susanne Philippi

Satz: Silvia Cardinal

Umschlag: Birgit Haermeyer

Printed in Belgium

ISBN 978-3-8321-9932-6

www.dumont-buchverlag.de

FREUNDE VERLEIHEN UNS FLÜGEL

Dieses Buch handelt von Vögeln, Glück und Freundschaft. Und von uns selbst. Woran erkennt man eine Vogelart? Was haben alle Vögel gemeinsam? Legen sie alle Eier? (Es gibt auch Tiere, die Eier legen und doch keine Vögel sind. Dazu zählen zum Beispiel Schlangen.) Können sie alle fliegen? (Es gibt auch Tiere, die fliegen können und doch keine Vögel sind, wie zum Beispiel Mücken.) Vögel erkennt man an dieser Eigenschaft: Es sind Tiere mit Federn.

Woran erkennt man Menschen? Welche Eigenschaften haben alle Menschen gemeinsam? Und worin genau unterscheiden sie sich von Vögeln? Vögel bauen gerne ein warmes Nest, so wie Menschen ein Haus bauen. Sie spielen und arbeiten. Sie finden Freunde und sie streiten sich. Genau wie Menschen. Ob sie auch glücklich sind, wissen wir nicht. Aber oft können wir an ihren Liedern erkennen, ob sie Angst haben oder fröhlich sind. Wahrscheinlich ist „glücklich sein zu wollen" typisch für den Menschen.

Das erste Buch dieser Reihe, *Glück für Kinder,* basiert auf zehn Glücksschlüsseln, die von Glücksforschern der London School of Economics entwickelt wurden: sich Ziele setzen, Beziehungen eingehen, offen sein und Dingen Sinn geben, aufmerksam sein und die Welt um uns herum wertschätzen, man selbst sein, mit anderen teilen, Emotionen zeigen, für die Gesundheit sorgen, neue Sachen ausprobieren und nicht aufgeben. In jeder Geschichte nimmt uns ein anderer Vogel mit auf ein Abenteuer, bei dem man den Schlüssel zum Glück findet.

Dieses zweite Buch handelt von Freundschaft. Gute Freunde sind wichtig für ein glückliches Leben. Wenn Kinder von Glück erzählen, nennen sie (genau wie Erwachsene) wenig materielle Dinge. Viel öfter erzählen sie, wie schön es ist, mit Freunden zusammen zu sein. Manche Kinder haben keine Freunde. Manche haben nur einen. Andere haben sehr viele Freunde. Genauso ist es bei Erwachsenen und auch bei Vögeln. Es geht nicht darum, wie viele Freunde man hat. Und wenn man zurzeit keinen hat, kreuzt bestimmt bald jemand den Weg. Dieses Buch zeigt, wie man ein Freund sein und bleiben kann. Denn noch wichtiger, als viele Freunde zu haben, ist es, ein Freund zu sein.

Wir begleiten zehn verschiedene Vögel dabei, wie sie jeweils eine gute Eigenschaft an ihren Freunden entdecken: einander ermutigen, freundlich sein, zusammenhalten, einander helfen, neue Freundschaften schließen, zusammen schöne Dinge tun, sich beieinander sicher fühlen, gerne zusammen sein, offen sein und einander ergänzen. Alle zehn Vogelarten gibt es wirklich und sie weisen meist auch im echten Leben die Eigenschaften auf, die sie in der Geschichte haben. Darüber kann man am Ende jeder Geschichte mehr erfahren.

Dies ist ein Vorlese-, Zuhör- und Mitmachbuch. Vorlesen macht uns glücklich. Wir bauen dabei zusammen ein warmes Nest und tauchen in die Geschichte ein. Zu jeder Geschichte gibt es zehn Fragen. Sie sind kein Test, sondern einfach eine Möglichkeit, noch länger etwas von der Geschichte zu haben. Hast du gut zugehört und alles verstanden? Und wie kann man die Geschichte auf das eigene Leben übertragen? Es gibt außerdem immer eine Frage für den Vorleser. Am besten liest man dieses Buch nämlich zusammen. Jede Geschichte bietet die Möglichkeit, zusammen mit den Kindern über die Zutaten eines glücklichen Lebens und wahrer Freundschaft zu sprechen. Erzählen Sie sich gegenseitig davon. Machen Sie zusammen eine der Aufgaben und lernen Sie, ein zunehmend besserer Freund zu sein.

Die Erkenntnisse, auf denen dieses Buch beruht, basieren auf wissenschaftlichen Forschungen über Glück, Hoffnung, Beziehungen und Lebensqualität, die sich in den Büchern für Erwachsene finden: *Glück. The New World Book of Happiness*, *Liebe. The World Book of Love* und *Hoffnung. The World Book of Hope*.

ZEHN TIPPS ZUM VORLESEN

1. Sie können zu jeder beliebigen Tageszeit vorlesen. Vor dem Schlafengehen ist nur eine Möglichkeit.
2. Nehmen Sie sich Zeit. Schaffen Sie eine ruhige und gemütliche Umgebung. Setzen Sie sich neben das Kind.
3. Vorlesen sollte etwas Positives sein. Bestrafen Sie niemals ein Kind, indem Sie nicht vorlesen.
4. Genießen Sie das Vorlesen. Sorgen Sie dafür, dass das Kind merkt, dass Sie die Geschichte ebenfalls interessant und spannend finden.
5. Machen Sie ab und an Pausen, in denen Sie nichts sagen. Warten Sie nach jeder Frage einen kurzen Moment ab.
6. Sprechen Sie die Wörter deutlich aus. Stellen Sie eine kurze Frage, wenn die Aufmerksamkeit des Kindes nachlassen sollte.
7. Lesen Sie manche Sätze schnell, andere wiederum langsamer. Ahmen Sie die Geräusche nach.
8. Schauen Sie nicht nur ins Buch, sondern nehmen Sie auch von Zeit zu Zeit Augenkontakt mit dem Kind auf.
9. Geben Sie dem Kind Zeit, Fragen zu stellen. Stellen Sie danach selbst Fragen. Sprechen Sie in Ruhe über die Geschichte.
10. Hören Sie nicht auf vorzulesen, wenn das Kind schon selbst lesen kann. Vorlesen eignet sich für jedes Alter.

Inhalt

ZEHN VORLESEGESCHICHTEN ÜBER FREUNDSCHAFT

FREUNDE ERMUTIGEN SICH → *Saxi* – Nachtigall.............13

FREUNDE SIND FREUNDLICH ZUEINANDER → *Parus* – Kohlmeise.............16

FREUNDE HALTEN ZUSAMMEN → *King* – Eisvogel.............21

FREUNDE HELFEN EINANDER → *Pluvia* – Krokodilwächter.............26

FREUNDE BRINGEN NEUE FREUNDE → *Düdeljo* – Pirol.............31

FREUNDE MACHEN ZUSAMMEN SCHÖNE DINGE → *Podi* – Haubentaucher.............37

FREUNDE FÜHLEN SICH SICHER BEIEINANDER → *Türe Lüür* – Rotschenkel.............40

FREUNDE SIND GERNE ZUSAMMEN → *Gira* – Guirakuckuck.............44

FREUNDE SIND OFFEN ZUEINANDER → *Takka* – Pinguin.............49

FREUNDE ERGÄNZEN SICH → *Yin und Yang* – Kraniche.............54

FREUNDE ERMUTIGEN SICH

Saxi

Saxi ist krank. Er hustet und prustet. Seine Flügel hängen schlapp herunter. Seine Beinchen zittern. Seine Schwanzfeder bewegt sich nicht. Er liegt im Nest seines Freundes Turdi, der ihn ein wenig traurig anschaut. Draußen weht der Wind durch die Blätter der Hecke. Das Nest wackelt.

Tak! Eine Eichel fällt aus dem großen Baum neben dem Nest. Tak! Tak! Ganz viele Eicheln. Turdi breitet seine Flügel über Saxi aus. Tak! Gerade noch rechtzeitig. Sonst hätte Saxi eine Eichel auf den Kopf bekommen. Dabei dröhnt es doch so schon zwischen seinen Ohren. Saxi fühlt sich schlapp. Sie hätten schon längst in ein wärmeres Land ziehen müssen. Aber Saxi ist zu schwach, um so weit zu fliegen.

Der kleine Vogel lauscht dem Wind. Auf der anderen Seite der Hecke hört er Hühner scharren, gackern und gluckern. Ein Hahn kräht. Eine Schwalbe fliegt tief über die Hecke. Hoch oben in der Luft schwebt ein Falke. Er ist bereit, sich wie ein Stein fallen zu lassen und eine Maus auf dem Feld zu fangen.
„Ich kann nichts", seufzt Saxi. „Ich kann überhaupt nichts. Ein Huhn kann wenigstens gackern. Und ein Hahn krähen. Schwalben können sehr hoch und sehr tief fliegen. Falken können Mäuse fangen. Und ich? Ich liege einfach nur im Nest herum." Er ächzt und fühlt sich wie ein Versager.

Turdi zieht mit seinem Schnabel an den Eichenblättern. Er bohrt ein Loch in das Nest. Schnotz. Schnotz. Der Wind hat sich gelegt. Durch das Loch fällt ein Sonnenstrahl ins Nest. Saxi fühlt die warme Luft hereinströmen. Turdi beginnt zu singen. Es fällt noch mehr Sonnenlicht in das Nest. Turdi singt noch höher und schöner. Die Sonne scheint auf ihre Schwanzfedern. Sie färben sich ganz rot.

Saxi schaut auf den weißen Hals von Turdi. Die Federn vibrieren.
Turdi kann sehr gut singen.
„Du kannst das auch", sagt Turdi.
„Kann ich nicht", sagt Saxi.

Turdi singt, als würde er eine Leiter hochklettern. Do re mi fa sol la si do. Do re mi fa sol la si do. Saxi wird ganz froh vom Zuhören. Dann steigt Turdi die Leiter wieder hinab. Do si la sol fa mi re do. Saxi muss lachen. Er bekommt ganz rote Wangen davon.

„Do do re do", singt Turdi.

„Do", singt Saxi.

„Do do re do", singt Turdi.

„Do do", singt Saxi.

„Do do re do", singt Turdi.

„Ich kann das nicht", sagt Saxi. Sein Hals ist wie zugeschnürt. Als würde eine Eichel darin stecken. Er seufzt.

„Natürlich kannst du das", sagt Turdi.

Ein Sonnenstrahl gleitet über Saxis Federn. Turdi macht das Loch im Nest noch ein bisschen größer. Nun fühlt Saxi die warme Luft bis zu seinem Hals. Die zwei Vögel schauen in die Sonne. Das ganze Nest färbt sich rot.

Und dann schallt auf einmal ein richtiges Lied aus Saxis Kehle:

„Do re mi fa sol la si do."

Er singt die Leiter bis ganz nach oben. Und dann wieder hinunter:

„Do si la sol fa mi re do."

Saxi fühlt, wie sein Herz schneller schlägt.

Der Hahn draußen schweigt. Die Hühner haben aufgehört zu scharren. Die Schwalben sitzen auf dem Rand des Daches. Der Falke schwebt still über dem Feld. Alle lauschen Saxis Stimme.

„Du kannst sehr gut singen", sagt Turdi.

Saxi wird so rot wie seine Schwanzfedern. Er schlägt mit den Flügeln.

Die Eichel aus seinem Hals ist weg.

„Ich kann sehr gut singen", sagt er. „Und morgen singe ich noch besser. Und dann gewinnen wir beide den großen Wettbewerb der Besten Singvögel!"

Tak! Tak! Die Eicheln, die neben das Nest fallen, klingen, als ob ein donnernder Applaus aufbrandet.

Tak! Tak! Tak!

Saxi steckt seinen Kopf aus dem Nest und übt ein neues Lied: „Fa fa si sol do do."

Turdi knufft ihn in den Rücken. Morgen werden sie singend zusammen in ein warmes Land fliegen. Dort findet der große Singwettbewerb statt.

Gut zugehört?

- Wie fühlt sich Saxi zu Beginn der Geschichte?
- Was denkt er über die anderen Vögel?
- Wie wird Saxi gesund?
- Am Ende der Geschichte ist Saxi nicht mehr unsicher. Wie kommt es dazu?
- Was machen Turdi und Saxi in dem warmen Land?

Und jetzt du!

- Wann denkst du schon mal, dass du etwas nicht kannst?
- Was kannst du doch sehr gut?
- Was hast du im vergangenen Jahr Neues gelernt?
- Was würdest du gerne gut können?
- Was machst du dafür?
- Wer könnte dir dabei helfen?

„Ja, du kannst das!"

FREUNDE ERMUTIGEN SICH

→ Saxi fühlt sich nicht gut. Er denkt, dass er nichts kann. Aber Turdi spornt ihn an. Das machen gute Freunde: Sie ermutigen sich gegenseitig. Turdi glaubt, dass Saxi sehr gut singen kann. Er unterstützt ihn. Er sagt Saxi, dass er den Mut nicht verlieren darf. So glaubt Saxi wieder an sich selbst. Turdi lässt die Sonne in Saxis Leben scheinen. So können sie schließlich gemeinsam singen. Das ist schöner, als alleine zu singen.

→ Für den Vorleser: Wer hat dich in deinem Leben je ermutigt? Erzähle davon.

Wer ist Saxi?

- Saxi ist eine Nachtigall. Der lateinische Familienname dieses Singvogels lautet *Saxicolinae.* Abgekürzt können wir ihn also Saxi nennen. Die Körperoberseite der Nachtigall ist braun, die Unterseite hellgrau. Ihre Schwanzfedern sind rötlich.
  Man kann eine Nachtigall schon von Weitem singen hören. Sie wiederholt oft dieselben Melodien, auch nachts. Meist versteckt sie sich in niedrigem Gebüsch. Dort baut sie ihr Nest. Es hat eine Öffnung auf der Seite, auf der die Sonne aufgeht. Die Nachtigall ist sehr neugierig. Im Winter zieht sie nach Afrika. Wenn man eine Nachtigall singen hört, weiß man, dass der Frühling da ist.
- Woran kannst du eine Nachtigall wie Saxi erkennen? Zeichne eine Nachtigall, während sie singt.

Machen!

- Wen könntest du ermutigen, etwas zu machen, was er oder sie richtig gut kann? Wen in deiner Umgebung kannst du zusätzlich unterstützen? Tue es!
- Komponiere selbst ein Lied oder eine Melodie. Mit wem könntest du es zusammen einstudieren? Ermutigt euch gegenseitig, es so verrückt und so gut wie möglich zu machen. Kannst du auch ein Instrument basteln? Probiere es!

FREUNDE SIND FREUNDLICH ZUEINANDER

Parus

Parus fliegt wie in einem Zirkus durch die Luft. Er schwebt wie ein Akrobat in einem hohen Bogen von einem Baum zum nächsten. Dann lässt er sich fallen und schießt im letzten Moment wieder empor. Er flattert, gleitet und saust durch die Luft und lässt sich vom Wind tragen. Seine Wangen sind rosig vor Freude. „Die-duu die-duu", ruft er. Als würde ein gelbes Feuerwehrauto durch die Luft fliegen. „Die-duu die-duu."

Robin sitzt auf seinem Zweig. Mit seinen großen, schwarzen Augen verfolgt er jede Bewegung von Parus in der Luft. Er bewegt sich nicht. Er schaut auf den Schnee, der auf den Sträuchern und den Bäumen liegt. Alles ist weiß. Der rote Fleck auf seiner Brust schimmert wie eine einsame Kirsche auf einer Sahnetorte. Robin zittert. So kalt ist es schon lange nicht mehr gewesen. Die leckeren Würmer haben sich irgendwo tief unter dem Schnee im Boden versteckt. Aber wo? Robin hat Hunger.

„Die-duu die-duu." Parus saust vorbei. Er hat eine Nuss in seinem Schnabel.
Er setzt sich neben Robin und beginnt, die Nuss aufzuessen.
„Lecker!", sagt Parus.
„Ich mag keine Nüsse", sagt Robin.
„Probier' doch mal eine", sagt Parus.
„Lass mich in Ruhe", sagt Robin.

Parus dreht seinen kleinen schwarzen Schnabel in Robins Richtung.
„Zik zik zik", zischt Robin. „Zik."
„Was soll das heißen?", lacht Parus.
„Dass du weggehen sollst", sagt Robin böse. „Zik zik zik."

„Komm mit spielen", sagt Parus. „Es ist viel zu kalt zum Stillsitzen.
Fliegen macht Spaß. Außerdem hängen Nüsse in den Bäumen!"
Robin schweigt. Sein Herz schlägt schneller. Bumm. Bumm.
Bummdibumm. Der rote Fleck auf seiner Brust wird größer und größer.

„Geh weg", sagt er. „Das ist mein Garten."
Parus erschreckt.
„Der Garten gehört allen", sagt Parus, während er an seiner Nuss knabbert.
„Das ist mein Garten!", ruft Robin.
„Das sind meine Zweige. Und auch meine Würmer. Ksch!"

„Wenn du es auf die Würmer abgesehen hast, kannst du noch lange warten", lacht Parus.
„Bis der Schnee schmilzt. Und das kann noch dauern."
Der rote Fleck auf Robins Brust ist mittlerweile so groß wie eine Ampel. Er pickt mit dem Schnabel in Parus' Wange.
„Aua", ruft Parus. „Aua!"
„Geh weg!", ruft Robin. „Geh weg!"

Parus breitet seine Flügel aus und fliegt zu dem großen Beerenstrauch hinüber. Dort sitzen viele seiner Freunde. Sie wippen und wackeln, flattern und schnattern, trällern und trapsen. Sie haben immer was zu feiern. Parus schnappt sich eine große rote Beere. Damit fliegt er zurück zu Robin.

„Wenn du nichts isst, stirbst du", sagt Parus. „Probier' mal eine Beere!"
Robin macht seine rote Brust noch breiter. „Eine Beere? Eine rote Beere? Nicht mal im Traum denke ich daran! Hau ab mit deiner Beere!", zischt er.
Parus legt die Beere neben ihn in den Schnee.
„Falls du doch Lust drauf hast", sagt er.

Dann breitet Parus seine Flügel aus. Alle seine Freunde folgen ihm.
Zusammen fliegen sie wie bei einer Zirkusvorstellung durch die Luft. Ein ganzes Orchester spielt „Die-duu die-duu die-duu".

Robin trippelt zur Beere. Als niemand guckt, pickt er doch hinein. Mmh. Lecker.

Gut zugehört?

- Was für ein Geräusch macht Parus? Und wie klingt es?
- Was für ein Geräusch macht Robin? Was will er damit ausdrücken?
- Woran sieht man, dass Robin böse wird?
- Warum pickt Robin in Parus' Wange?
- Warum bringt Parus Robin eine Beere? Was möchte er damit sagen?

Und jetzt du!

- Sage etwas Gutes über Parus und etwas Gutes über Robin.
- Welcher Vogel hat mehr Freunde: Parus oder Robin? Woran liegt das?
- Wem bist du ähnlicher: Parus oder Robin? Woran merkst du das?
- Kennst du Menschen, die sich ein bisschen wie Parus oder wie Robin verhalten?
- Was machst du manchmal, wenn ein Freund böse ist?

„Der Garten gehört allen!"

FREUNDE SIND FREUNDLICH ZUEINANDER

→ Robin, das Rotkehlchen, denkt nur an sich selbst. Er wird schnell böse. Dann fängt er an zu streiten. So findet man natürlich nicht viele Freunde. Parus, die Kohlmeise, ist freundlich zu anderen. Sogar zu Robin. Darum hat Parus auch viele Freunde. Sie lernen voneinander und haben Spaß zusammen. Parus versucht, mit jedem gut auszukommen.

→ Für den Vorleser: Erzähle von zwei Menschen, die du kennst: einen vom Typ Rotkehlchen und einen vom Typ Kohlmeise. Was denkst du über sie?

Wer sind Parus und Robin?

- Parus ist eine Kohlmeise: weiße Wangen und eine gelbe Brust mit einem schwarzen Streifen. Der lateinische Name lautet *Parus*. Die Kohlmeise kommt den Menschen sehr nah. Vor allem im Winter, wegen der Nüsse. Sie fliegt durch die Luft wie ein Akrobat im Zirkus. Sie hat viele Freunde. Kohlmeisen lernen schnell neue Dinge voneinander. Sie scheinen ein glückliches Leben zu führen.
- Robin ist ein Rotkehlchen. Dieser Vogel lebt meistens als Einzelgänger. Er möchte den ganzen Garten für sich alleine haben. Er fängt schnell Streit mit anderen Vögeln an, vor allem mit anderen Rotkehlchen. Das Rotkehlchen frisst vor allem Würmer, aber es kann auch lernen, Beeren zu fressen. Wenn es das will.
- Woran kannst du einen Vogel wie Parus, die Kohlmeise, oder Robin, das Rotkehlchen, erkennen? Zeichne beide!

Machen!

- Führe ein Theaterstück oder ein Puppenspiel auf. Einer ist Robin, das Rotkehlchen, der andere verhält sich wie Parus, die Kohlmeise.
- Baue ein Vogelhäuschen oder eine Futterstelle für Vögel. So kannst du im Winter auch zu Vögeln freundlich sein.

FREUNDE HALTEN ZUSAMMEN

King

„Ich zuerst!" „Ich zuerst!"
Sieben kleine Vögel schubsen den kleinen King weg. Sie trampeln auf seine Füßchen und picken in seinen Nacken. Jeder will als Erster den Fisch haben, den Papa durch den schmalen Gang ins Nest bringt.
„Schmatz! Schmatz!"

King rutscht auf den Gräten und Schuppen aus, die seine Brüder und Schwestern übrig gelassen haben.
„Herzliche Erstwoche!", ruft Papa, während er einen kleinen Fisch mit dem Kopf voran ins Nest schiebt. Alle versuchen, den Fisch zu packen.
„Erstwoche?", fragt King.
„Ja", sagt Papa. „Ihr seid nun eine Woche alt. Alle."

Er schaut zu King. Der hat noch keine Federn. Nur etwas Flaum.
„Du bist der Jüngste", sagt Papa. „Du wirst bald Federn bekommen, wie die anderen. Die schönsten Federn der Welt: blaue und rote. Und du wirst selber Fische fangen können."
King schaut seinen Papa mit großen Augen an.
Seine Brüder und Schwestern hören nicht zu. Sie streiten immer noch um den Fisch.

„Tiet-tiet", ruft Papa böse. „Tiet-tiet!"
Alle sind still.
„So kann es nicht weitergehen", sagt Papa. „Immer, wenn ich einen Fisch bringe, fangt ihr an, euch zu streiten. Der kleine King sitzt ganz hinten und bekommt nichts ab. So kann er nicht wachsen. Wir sind eine Familie. Noch zwei Wochen, dann müsst ihr alle aus dem Nest sein. Und jeder von euch muss gleich stark sein."

Nun ist es muckmäuschenstill im Nest. Papa blinzelt mit den Augen. Er bereitet sich darauf vor, wieder loszufliegen. Dafür schiebt sich eine Schutzhaut über das Auge, als würde er eine Taucherbrille aufsetzen.

Gleich wird er wieder pfeilschnell ins Wasser hineintauchen,
um für die ganze Familie Fische zu fangen.
„Ich möchte keinen Streit um den Fisch", flüstert King.
„Dann müsst ihr eine Lösung finden", sagt sein Papa.
Er reibt mit einem seiner Flügel über seinen Kopf, als würde er seine Haare kämmen.
Dann schießt er wie ein blau-orangefarbener Pfeil aus dem Nest.

Die Vögel kabbeln sich wieder um den besten Platz. Sie schlagen mit den Flügeln, picken mit den Schnäbeln und trampeln sich gegenseitig auf die Füße.
Das Nest wackelt.
„Gleich stürzen wir noch alle gemeinsam ab", sagt einer der Brüder.
„Ich will den Fisch! Ich will den Fisch!", quiekt eine der Schwestern.

King rutscht ein bisschen nach vorne.
„Piep", sagt er. „Piep." Er sitzt nun genau in der Mitte des Nestes.
„Sollen wir ein Spiel daraus machen?", fragt er.
„Wir setzen uns in einen Kreis. Und reihum sitzt jeder einmal am Eingang."

„So lange kann ich nicht warten!", brabbelt einer seiner Brüder.
„Wenn ich den Fisch rieche, will ich ihn auch fressen", meint eine seiner Schwestern.

„Wir können ja mal ausprobieren", sagt King, „einfach nicht um den Fisch zu streiten. Papa bringt genügend Fische. Wenn man seinen Fisch aufgefressen hat, rutscht man einfach einen Platz weiter. Ich bin auch als Letzter dran", sagt er.

Seine Brüder und Schwestern schauen ihn an.
„Nein, du darfst als Erster", sagt einer seiner Brüder. „Du bist doch der Jüngste."
„Das ist ein guter Plan", flüstert eine seiner Schwestern. „Jeder kann lernen zu warten. Dann haben wir alle was vom Fisch. Und es gibt keinen Streit."
„Und während wir warten, können wir im Kreis etwas spielen", ruft einer der Brüder.
„Und Lieder singen", sagt eine der Schwestern.

„Tiet-tiet." Da taucht Papa mit einem Fisch im Schnabel am Eingang des Nestes auf. Alle Vögel sitzen in einem Kreis. Ganz vorne sitzt King. Er bekommt den Fisch von Papa. Seine Brüder und Schwestern bleiben still sitzen, bis King seinen Fisch aufgefressen hat. Dann rückt King einen Platz weiter.

Papa traut seinen Augen nicht. Er reckt seinen scharfen Schnabel stolz in die Luft. „Toll", sagt er. Dann dreht er sich um und breitet seine blauen Flügel aus. Geradewegs zum Weiher voller Fische.
Noch zwei Wochen werden sie gemütlich im Kreis sitzen können. Wer wohl dann als Erster losfliegen wird?

Gut zugehört?

- Was feiern die Vögel zu Beginn der Geschichte?
- Wie sieht das Nest aus, in dem King mit seiner Familie lebt?
- Warum ist Papa böse?
- Welchen Plan hat King, damit es keinen Streit mehr gibt?
- Wie findet Papa den Plan?

Und jetzt du!

- Wann hast du mal Streit mit deinen Brüdern, Schwestern oder Freunden?
- Wie vertragt ihr euch wieder?
- Die Vögel lernen zu warten. Wann hast du gelernt zu warten?
- Denke dir schöne Sachen aus, die man machen kann, wenn man mal warten muss.
- Wie könntest du versuchen, weniger zu streiten?

„Einer nach dem anderen."

FREUNDE HALTEN ZUSAMMEN

→ Streiten ist einfach. Manche Menschen wollen immer der oder die Erste sein oder alles für sich haben. Sie haben wenige Freunde. Ruhig abzuwarten, bis man an der Reihe ist, und zu lernen, mit anderen zu teilen, macht uns glücklicher. Dann muss auch nicht jeder um seinen Platz kämpfen. Manches geht schneller, wenn man es alleine macht. Aber wer lernt, sich mit anderen zusammenzutun, um ein Ziel zu erreichen, hat oftmals mehr und bessere Freunde.

→ Für den Vorleser: Mit wem kannst du gut zusammenarbeiten? Erzähle, wie das abläuft. Habt ihr manchmal Streit? Wie findet ihr dann eine Lösung?

Wer ist King?

- King ist ein Eisvogel. Sein lateinischer Name lautet *Alcedo atthis.* Das bedeutet „Königsfischer". Im englischsprachigen Raum ist er als „kingfisher" oder „Königsvogel" bekannt. Eisvögel sind klein und ihre Federn haben prächtige Farben. Sie können so schnell fliegen wie ein Auto, das 80 Kilometer pro Stunde fährt. Manchmal sitzen acht Brüder und Schwestern in einem Nest. Das Nest besteht aus einem Gang, der zu einer Höhle führt. Dort wartet der Nachwuchs, bis Mama oder Papa den Fisch bringt. Nach jedem Fisch rutscht jeder Vogel einen Platz weiter. Wer versucht vorzudrängeln, wird in den Nacken gepickt. Weil Eisvögel so viel Fisch essen, wird es wegen all der Gräten und Schuppen im Nest schnell schmutzig. Nach drei Wochen fliegen die Eisvögel aus und sorgen fortan für sich alleine.
- Woran kannst du einen Eisvogel wie King erkennen?

Machen!

- Erzählt euch eine verrückte Geschichte. Reihum darf jeder einen Satz sagen, der an den vorherigen anschließt. Fangt an mit „Ich zuerst! Ich zuerst!". Wie es wohl weitergeht? Spannend!
- Spielt ein Gesellschaftsspiel. Lerne zu warten, bis du an der Reihe bist. Und werde nicht böse, wenn du verlierst. Es ist nur ein Spiel.

FREUNDE HELFEN EINANDER

Pluvia

Pluvia schießt über das Wasser. Ihr Bauch wird nass. Sie fliegt geradewegs in ihr Nest auf dem warmen Sand neben dem Fluss. Im Sand liegen drei Eier. Niemand kann sie sehen, denn Pluvia hat sie gut versteckt. Sie dürfen nicht zu warm werden. Darum kühlt Pluvia sie mit dem Wasser an ihrem Bauch. Die Sonne steht hoch am Himmel. Aber die Eier von Pluvia bleiben schön kühl.

Sie schaut zu ihrer Strandnachbarin. Die sitzt neben ihrem eigenen Nest.
„Hallo Dilia", sagt Pluvia.
„Hallo Pluvia", lacht ihre Nachbarin.
Ihre Nachbarin heißt eigentlich Kroko Dilia, aber Pluvia nennt sie immer Dilia. Weil sie sonst zu sehr an ein Krokodil denken muss.
„Aber ich bin doch auch ein Krokodil", sagt Dilia. Sie sperrt ihr großes Maul auf und lässt ihren langen Schwanz hin- und herpeitschen.
„Ja", sagt Pluvia. „Aber du bist ein ganz liebes Krokodil."
„Das finden die Fische nicht", lacht Dilia. Sie watschelt zum Wasser.

Pluvia schaut auf Dilias großes Nest im Sand. Darin liegen bestimmt 50 große Eier. Das sind einige mehr als die drei kleinen Eier von Pluvia.

Ssst. Ssst. Pluvia hört etwas über den Sand gleiten. Ssst. Ssst. Ssst.
Eine Schlange kommt auf Dilias Nest zu. Pluvias Herz beginnt zu klopfen.
In einem hohen Tonfall ruft sie: „Krr. Krr. Krr."
Die Schlange schlängelt weiter auf Dilias Nest zu. Vor der kleinen Pluvia hat sie überhaupt keine Angst.
Ssst. Ssst.
„Krr. Krr."
Ssst. Ssst.
„Krr. Krr."
Die Schlange will ein Ei aus dem Nest stehlen.

Schwupp! Die Schlange bekommt einen Schlag von Dilias großem Schwanz ab. Und noch einen. Und noch einen. Schwupp! Schwupp! Die Schlange wird bis hoch in die Bäume geschleudert.
„Danke, dass du mich noch rechtzeitig gerufen hast", sagt Dilia. Sie hat einen großen Fisch in ihrem Maul.
„Ich wusste nicht, dass du so schnell laufen kannst", sagt Pluvia.

Dilia setzt sich wieder neben ihre Eier. Sie knabbert in aller Ruhe am letzten Stück Fisch.
„Passt du kurz auf meine Eier auf?", fragt Pluvia.
„Gerne", lacht Dilia.
Pluvia flattert zum Fluss. Sie befeuchtet ihren Bauch. Danach landet sie in einem großen Bogen auf ihren drei kleinen Eiern. So bleiben sie weiterhin kühl.

Dilia liegt mit weit geöffnetem Maul in der Sonne. Zwischen ihren großen Zähnen stecken noch Fischstückchen. Und es wimmelt nur so von kleinen Tieren. Würmchen. Blutegel. Sie kitzeln sie, aber Dilia kommt mit ihrer Zunge nicht an sie heran.

Pluvia betrachtet die Blutegel in Dilias Maul. Die mag sie gerne.
„Soll ich deine Zähne putzen?", fragt Pluvia.
„Gerne", sagt Dilia.
Sie sperrt ihr Maul weit auf. Mehr als 80 weiße Zähne blitzen in der Sonne. Pluvia schaudert kurz beim Anblick so vieler scharfer Zähne. Aber dann trippelt sie fröhlich von einem Zahn zum nächsten. Hap. Ein Wurm. Hap. Ein Stück Fisch. Was für ein Festschmaus in Dilias Maul. Einmal zuklappen würde genügen, um Pluvia zu zermalmen. Aber sie weiß, dass Dilia ihr Maul nicht schließen wird. Niemals.
„Superfrisch geputzte Zähne", sagt Dilia.
„Lecker war das", sagt Pluvia, während sie zurück zu ihrem Nest fliegt.

Über den Strand weht eine leichte Brise. Die Sonne schwimmt im Wasser und taucht hinein. Es ist nun ganz still. Der kleine Vogel und das große Krokodil schlummern im warmen Sand langsam ein.

Gut zugehört?
- Wie sieht Pluvias Nest aus?
- Wie sieht Dilias Nest aus?
- Warum macht Pluvia ihren Bauch nass?
- Was will die Schlange?
- Was macht der Vogel im Maul des Krokodils?

Und jetzt du!
- Vor welchen Tieren hast du manchmal Angst?
- Woher weiß man, dass Pluvia und Dilia Freunde sind?
- Wie helfen dir deine Freunde manchmal?
- Und wem hilfst du schon mal?
- Wie könntest du deinen Eltern, Brüdern, Schwestern oder Freunden noch mehr helfen?

„Wobei kann ich dir helfen?"

FREUNDE HELFEN EINANDER

→ Wenn du wissen möchtest, ob jemand wirklich dein Freund ist, kannst du ihn (oder sie) jederzeit fragen, ob er (oder sie) dir hilft. Bei deinen Hausaufgaben zum Beispiel. Oder bei einer kleinen Aufgabe. Gute Freunde sind nicht eifersüchtig aufeinander. Sie helfen einander, wo und wie sie nur können. Sie sehen, ob jemand Hilfe braucht. Einem anderen Menschen zu helfen, macht zwei Menschen glücklich: dich und den anderen.

→ Für den Vorleser: Auf wen kannst du zählen, wenn du Hilfe brauchst? Und wem hast du zuletzt geholfen? Erzähle davon.

Wer ist Pluvia?

- Pluvia ist ein Vogel aus der Familie der *Pluvianidae.* Sie werden auch Krokodilwächter genannt. Sie legen, genau wie Krokodile, ihre Eier in ein Nest im Sand, in der Nähe von Gewässern. Wenn der Sand zu warm wird, machen die Weibchen ihren Bauch nass, um die Eier immer auf derselben Temperatur halten zu können. Um Schlangen fernzuhalten, beschützen Krokodilwächter und Krokodil manchmal gegenseitig ihre Nester. Das Krokodil sitzt nicht auf seinen Eiern, passt aber trotzdem auf, ob Gefahr droht. Der kleine Vogel ist sehr mutig und klettert in das Maul des Krokodils, um dort Blutegel und Fischreste herauszupicken. Das Krokodil mag das sehr. So helfen sie sich gegenseitig.
- Woran kannst du einen Vogel wie Pluvia erkennen? Zeichne den Vogel im Maul eines Krokodils.

Machen!

- Helfe diese Woche jemandem, dem du sonst nicht so oft hilfst. In der Küche, in der Klasse, auf dem Spielplatz, beim Aufräumen …
- Kennst du jemanden, der krank oder allein ist oder sich nicht gut fühlt? Helfe ihm ein wenig, wieder auf die Beine zu kommen. Besuche ihn, bastele ein Geschenk oder bringe ihn zum Lachen.

FREUNDE BRINGEN NEUE FREUNDE

Düdeljo

Düdeljo ist traurig. Er singt nicht. Er sitzt ganz weit oben in der Krone einer Pappel. Die grüngelben Blätter des Baums rascheln leise um seinen gelben Körper. Hier kann er sich gut verstecken. Niemand braucht zu wissen, dass er traurig ist. Er schaut zur gegenüberliegenden Seite des Sees, aber nirgendwo sieht er seinen Vater. Der ist schon seit Wochen nicht mehr zu sehen gewesen.

Sie sind zusammen von einer sehr weiten Reise nach Hause gekommen. Hierher zurück in die hohe Pappel. Papa, Mama, Düdeljo. Mama hat ein warmes Nest gebaut. Sie ist sehr gut darin, sich zu verstecken. Man sieht das Nest kaum, es sieht fast aus wie ein Zweig. Düdeljo hat ihr geholfen, das Nest stabil zu machen. Gemeinsam haben sie das Gras und die Zweige mit leeren Eierresten von Spinnen und seidenen Raupenhüllen aneinandergeklebt. Plötzlich war Papa weg. Nun brütet Mama schon seit zwei Wochen alleine auf den Eiern. Es ist so still hoch oben in den Wipfeln der Bäume.

„Bald wirst du neue Brüder und Schwestern bekommen", sagt Mama. „Ich denke, dass es vier werden."
Düdeljo nickt. Aber so richtig froh ist er nicht. Und Mama hat schon lange nichts mehr über Papa gesagt. Wo er wohl sein mag? Und wo sind sein großer Bruder und seine große Schwester geblieben? Er hat Füdidelio und Fluofifu nicht mehr gesehen, seit sie zusammen aus ihrem warmen Urlaubsland losgeflogen sind. Plötzlich waren sie einfach weg. Genau wie Papa jetzt. Ich finde Verstecken spielen schön, denkt Düdeljo, aber nicht, wenn es so lange dauert wie jetzt.

Er breitet seine schwarzen Flügel aus und gleitet zu einem anderen Baum. Die Sonne versinkt im Wasser. Düdeljo schließt die Augen. Neben ihm lässt sich ein Maikäfer nieder. Düdeljo lässt ihn in Ruhe. Morgen ist ein neuer Tag.

„Piep. Piep. Piep!" Düdeljo schreckt aus dem Schlaf hoch. Es ist, als würde zwischen den Bäumen ein Wecker klingeln.

"Piep. Piep. Piep. Piep!" Vier kleine Schnäbel ragen aus dem Nest heraus. Mama lacht. Sie bleibt auf den kleinen Vögeln sitzen, um sie warm zu halten.
"Suchst du etwas zu fressen?", fragt sie Düdeljo.

Mmh. Ich weiß, wo ein Maikäfer sitzt, denkt er. Zwei Minuten später landet er mit dem Maikäfer im Schnabel auf dem Rand des Nestes.
"Piep. Piep. Piep!" Damit kann er einen Schnabel füllen, aber keine vier. Schnell zum nächsten Baum. Dort fängt er zwei Raupen.
"Piep!" Sein kleinster Bruder hat noch nichts gefressen und seine älteste Schwester hat ihren Maikäfer schon aufgefuttert.
"Piep. Piep. Piep. Piep!"
Wäre Papa nur hier, denkt Düdeljo. Aber der ist nirgends zu sehen.
Düdeljo fliegt hin und her. Von der morschen Birke zur großen Eiche und zurück zum Nest in der Pappelkrone. Seine Flügel werden müde. Sehr müde. Er ruht sich kurz aus.
"Das halte ich niemals durch", seufzt er.

"Fü-di-de-lio. Fü-di-de lio."
Was hört er von der anderen Seite des Sees?

„Fluo-fi-fu. Fluo-fi-fu."
Düdeljo sucht zwischen den Blättern, woher diese Lieder kommen. Es scheinen sein Bruder und seine Schwester zu sein. Er hört sie, aber sieht sie nicht. Oder doch? Da!
Grün, gelb, schwarz, versteckt zwischen den Blättern.
Sie fliegen geradewegs zu Mamas Nest. Mit dicken Würmern in ihren Schnäbeln.

Für Mama ist es eine große Freude: die vier kleinen Vögel und Düdeljo, Füdidelio und Fluofifu. Die kleinen Schnäbel werden mit haarigen Raupen, halben Schmetterlingen, Hummeln und Maikäfern gefüttert. Die kleinen Schnäbel mögen sogar rote und gelbe Beeren.
„Lang werden wir leben", singt Mama. Die Vögel schütteln ihre gelben Federn aus.

Dann lässt sich ein neuer Vogel am Nest nieder.
„Oriolus. Oriolus", zwitschert er.
„Wer bist du?", fragt Mama.
„Oriolus ist ein neuer Freund von uns", sagt Füdidelio.
„Er kam mit uns den weiten Weg von Afrika."
Mama schaut sich Oriolus vom Kopf bis zu den Füßchen an.
Seine Flügel sind ein bisschen dunkler. Aber er hat schelmische Augen. Sein Schnabel ist voller Raupen für die Kleinen.
„Willkommen", sagt Mama. „Sollen wir zusammen ein Lied singen?"

Und so schallt es aus den gelbgrünen Wipfeln der Bäume: „Düdeljo. Düdeljo. Fü-di-de-lio. Fü-di-de-lio. Fluo-fi-fu. Fluo-fi-fu. Oriolus. Oriolus."
Man hört sie nur, man sieht sie nicht.

Gut zugehört?

- Warum ist Düdeljo traurig?
- Wie sieht das Nest aus?
- Was essen die kleinen Vögel?
- Wo wohnen diese Vögel im Winter? Und im Sommer?
- Wer ist Oriolus?

Und jetzt du!

- Diese Vögel heißen, wie sie singen. Kannst du alle Namen dreimal singen? Düdeljo. Fü-di-de-lio. Fluo-fi-fu. Oriolus. Singt zusammen.
- Wie würdest du deinen eigenen Namen singen? Tue so, als wärst du ein Vogel.
- Wahrscheinlich isst du nicht so gerne Raupen und Maikäfer. Was magst du gerne? Und was überhaupt nicht?
- Suche im Internet nach dem Gesang dieser oder anderer Vögel: Kannst du ihn nachahmen?
- Hast du auch einen Freund aus einem anderen Land?

FREUNDE BRINGEN NEUE FREUNDE

→ Manche Freunde schotten sich von anderen Menschen ab. Sie bilden eine Clique, zu der niemand dazukommen darf. Das ist nicht nett. Echte Freunde können es aushalten, dass man noch andere Freunde außerhalb der eigenen Gruppe hat. Die Vögel schließen schnell Freundschaft. Düdeljo kennt Oriolus nicht. Er ist ein schwarzer Vogel, der mit seinen Geschwistern aus Afrika mitgekommen ist. Düdeljo singt schon bald mit ihm gemeinsam ein Lied. Das ist für jeden schön.

→ Für den Vorleser: Erzähle von einem Freund von dir. Wie habt ihr euch kennengelernt?

„Das ist ein neuer Freund."

Wer ist Düdeljo?

- Düdeljo ist ein Pirol: gelb mit schwarzen Flügeln. Sein Familienname lautet *Oriolus oriolus.* Er kann sehr gut singen. Oft bekommt er einen Namen, der an seinen Gesang erinnert. Das nennt man Lautmalerei. Die Menschen hören manchmal „Düdeljo", „Füdidelio" oder „Fluofifu".
- Seine Mama baut ein Nest, das aussieht wie ein Zweig. Pirole sitzen oft sehr weit oben in den Bäumen. Man hört sie, aber man sieht sie nicht. Es sind Zugvögel. Im Winter wohnen sie in Afrika. Im Sommer kommen sie nach Europa, um ein Nest zu bauen. Es sind richtige kleine „Pfleger". Die älteren Vögel kommen mit zurück aus Afrika, um für die jüngeren Vögel zu sorgen.
- Woran kannst du einen Pirol wie Düdeljo erkennen? Zeichne ihn.

Machen!

- Spiele mit so vielen Kindern wie möglich ein Gruppenspiel. Welches Spiel möchtest du spielen?
- Lade diese Woche in deiner Klasse, auf dem Spielplatz oder in der Nachbarschaft jemanden ein, mit dem du bisher noch nicht so viel zusammen gemacht hast.

FREUNDE MACHEN ZUSAMMEN SCHÖNE DINGE

„Kommst du mit spielen?", singt Podi. Er sitzt auf dem Rücken seiner Mutter. Gemeinsam schwimmen sie um das Nest von Padi. Es treibt auf dem Wasser. Es ist dort sehr still. Podi hört und sieht niemanden im Nest.
„Spie-spie-spielen?", singt er.

Padi antwortet nicht. Ruhig schwimmt Mama noch eine Runde um das Nest. Überall ragen lustige Halme und Zweige heraus. Mama nimmt einen Halm in den Schnabel und zieht daran. Nun sieht das Nest aus wie eine Windmühle. Es dreht sich auf dem Weiher.
„Li-la-lustig", pfeift Podi. Aber im Nest bewegt sich nichts.
„Vielleicht sind sie verreist", sagt Mama.
„Davon hat Padi nichts gesagt", sagt Podi.

Plitsch! Platsch! Plitsch! Neben Podi taucht ein großer Schopf aus dem Wasser auf. Alles wackelt. Podi fällt vom Rücken seiner Mutter. Sein Kopf taucht unter Wasser. Brrr. Als er seinen Schnabel wieder aus dem Wasser reckt, schaut er geradewegs in die Augen von Padis Mutter.
„Wo ist Padi?", fragt er.
„Auf meinem Rücken", sagt seine Mutter.
Podi paddelt um Padis Mutter herum. Padi ist nirgends zu sehen. Die Mutter schüttelt ihre Flügel. Dann dreht sie ihren Kopf nach hinten. Der Streifen zwischen ihren Augen und ihrem Schnabel wird nun ganz schwarz.
„Gerade saß er da noch", sagt sie.

Platsch! Podi taucht wieder unter. Der lustige Kopf von Padi guckt aus dem Wasser. Er hatte sich unter dem sich drehenden Nest versteckt.
Die beiden Vögel lachen. Padi kann sehr lange unter Wasser bleiben. So lange wie zehn Lieder von seiner Mutter! Jetzt springt Podi auf einen Zweig des Nestes. Padi setzt sich neben ihn. Ihre Mütter schwimmen quakend zusammen in die andere Richtung.

„Ti-ta-tauchen?", ruft Podi.
Podi und Padi tauchen ins Wasser. Geradewegs ganz tief nach unten. Niemand kann sie noch sehen. Das Wasser ist ganz still und ruhig.
„Wo sind die beiden?", fragt die eine Mutter.
„Ich kann sie nirgendwo mehr sehen", sagt die andere Mutter. Sie spähen über das Wasser, am Nest vorbei bis zu den Wasserlilien. Podi und Padi spielen gerne Unter-Wasser-Verstecken.

Aus dem Schilf steigt ein Reiher auf. Die Federn der beiden Mütter beben.
Wo sind ihre Kinder? Reiher fressen sehr gerne solche kleinen Vögel!
Der Reiher streift über das Wasser.

Knapp hinter den Wasserlilien taucht ein Köpfchen aus dem Wasser auf. Mit seinen schwarz-weißen Streifen sieht es wie ein schwimmendes Zebra aus. Spritz spratz spritz. Podi schüttelt sich. Der Reiher fliegt in einem großen Bogen über das Wasser und steuert dann geradewegs auf die kleinen Vögel zu.
„Krajiet", ruft Mama. Aber der Reiher lässt sich nicht erschrecken.
Er fliegt mit offenem Schnabel auf Podi zu.

Platsch! Da steckt Padi seinen Kopf aus dem Wasser. Direkt neben Podi.
Der Reiher weiß nicht mehr, wo er als Erstes hinschauen soll. Überall sieht er weiße und schwarze Streifen vor seinen Augen tanzen. Wie Pyjamas im Wind.
Er prallt mit seinem offenen Schnabel auf das Wasser. Autsch! Die beiden kleinen Vögel sind gerade noch rechtzeitig untergetaucht. Mit ein paar schnellen Flügelschlägen fliegt der Reiher zurück auf einen Ast über dem Schilf.
Zwischen den Wasserlilien stecken Podi und Padi vorsichtig ihre Köpfe aus dem Wasser. Sie lachen. Dann tauchen sie zu ihren Müttern.

Der Reiher versucht, seinen langen Schnabel wieder gerade zu rücken. In der Mitte des Weihers sieht er, wie die zwei kleinen Freunde auf den Rücken ihrer Mütter zu ihren auf dem Wasser treibenden Nestern schwimmen.
„Die Zwei zusammen machen mich verrückt", seufzt er.

Über dem Schilf sitzend hört er Laute, die er nicht versteht: „Spie-spie-spielen? Ti-ta-tauchen?"
Dann fällt er von seinem Ast ins Wasser.
Es scheint, als würden alle Wasserlilien auf einmal singen: „Li-la-lustig!"

Gut zugehört?
- Wie sieht das Nest von Padi aus?
- Welches Spiel spielen die beiden kleinen Vögel mit ihren Müttern?
- Was hat der Reiher vor?
- Wer jagt den Reiher weg?
- Wie machen die kleinen Vögel den Reiher verrückt?

Und jetzt du!
- Was machen Podi und Padi gern? Was können sie gut?
- Woher weiß man, dass Podi und Padi Freunde sind?
- Worüber lachen deine Freunde und du?
- Was spielst du gerne mit deinen Freunden?
- Mit wem würdest du gerne mal spielen? Und was?

„Kommst du spielen?"

FREUNDE MACHEN ZUSAMMEN SCHÖNE DINGE

→ **Alleine spielen ist mal ganz schön. Aber zusammen mit seinen Freunden spielen ist meistens noch viel schöner. Freunde besuchen sich. Sie sind gerne zusammen und finden oft die gleichen Dinge gut. Wenn es irgendwo langweilig wird, können sie zusammen vielleicht doch noch etwas Spannendes machen. Sie lachen viel. Manchmal sogar dann, wenn andere nicht verstehen wieso. Sie schmieden oft Pläne für noch mehr Sachen, die Spaß machen.**

→ **Für den Vorleser: Erzähle, was du früher gerne gemacht hast. Mit wem? Macht dir das immer noch Spaß?**

Wer ist Podi?

- Podi ist ein Haubentaucher. Seine Familie heißt *Podicipedidae*, genau wie die von Padi. Es sind sehr verspielte Vögel. Sie machen sehr viele verschiedene Laute, hohe und tiefe. Sie können sehr gut schwimmen und lange unter Wasser bleiben. Sie bauen auf dem Wasser treibende Spielnester. Die Küken sitzen gerne auf dem Rücken ihrer Eltern, sogar unter Wasser. Das ist praktisch, wenn ein Reiher sie fressen will. Ihr Gefieder erinnert an die Streifen eines Zebras. Erst wenn sie erwachsen sind, nach ungefähr zehn Wochen, bekommen sie eine lange Federhaube und einen rotbraunen Kragen. Daran kann man sie auf dem Wasser immer erkennen.
- Woran kannst du einen Haubentaucher wie Podi erkennen? Zeichne ihn.

Machen!

- Geht mal wieder zusammen schwimmen oder im Wasser spielen. Oder angeln.
- Was würdest du gerne mit einem oder mehreren deiner Freunde unternehmen, was ihr bisher noch nie gemacht habt? Überlege dir, wie das klappen könnte.

FREUNDE FÜHLEN SICH SICHER BEIEINANDER

Türe Lüür

Türe Lüür sitzt auf einem Pfahl auf der Wiese. Sie ist gerade von ihren Winterferien am See zurückgekommen. Nun ist sie wieder zu Hause. Die Sonne scheint mild. Es wird Frühling. In dieser Wiese gibt es viele Würmer. Hier will sie ein Nest bauen und Eier legen. Sie sucht sich eine gute Stelle mitten auf der Wiese aus. Sie pfeift ein Lied: „Tjüüt lüü lüü. Tjüüt lüü lüü."

Halt! Was sieht sie da? Dort hinten schleicht ein Fuchs durch das Gras. Er läuft erhobenen Hauptes über die nasse Wiese. Er ist auf der Suche nach etwas zu fressen. Stell dir vor, er würde vorbeikommen, wenn die kleinen Vögel gerade geboren wurden! Der Fuchs würde sie auffressen!

Saus. Ein grüner Vogel mit großen Flügeln fliegt dicht über das Gras. Saus. Er dreht eine Runde um den Pfahl, steigt hoch hinauf in die Luft und lässt sich dann bis kurz über den Kopf des Fuchses fallen. Der Fuchs erschreckt sich und rennt los. Weg ist er. Türe Lüür muss lachen. „Tjüüt lüü lüü. Tjüüt lüü lüü."

Der grüne Vogel fliegt über die Wiese. Er schaut zu Türe Lüür.
„Kiju wit. Kiju wit", pfeift er. Er setzt sich neben sie auf den Pfahl.
„Du hast schöne rote Beine", sagt er. „Sind die neu?"
„Nein", lacht Türe Lüür. „Ich habe schon mein ganzes Leben rote Beine und einen roten Schnabel. Du hast einen schönen Federschopf. Ist der neu?"
„Ja, gerade am Meer gekauft", kichert der fremde Vogel. Türe Lüür lacht mit.
„Wie heißt du?", fragt sie.
„Kie Bitz", sagt der fremde Vogel. „Einfach Kie Bitz."

„Ich möchte auf der Wiese ein Nest bauen. Und Eier hineinlegen", sagt Türe Lüür.
„Aber ich habe Angst, dass der Fuchs sie holen kommt und auffrisst."
„Kiju wit. Kiju wit", sagt Kie Bitz. „Dann lass uns den Fuchs doch einfach zusammen verjagen. Ich bin sehr gut darin!" Er stellt seine lange Federhaube ganz gerade und schlägt mit seinen schnellen, grünen Flügeln.

Die Vögel laufen zusammen zur Mitte der Wiese. Türe Lüür macht eine Mulde in das Gras. Ein bisschen weiter macht auch Kie Bitz eine Mulde in das Gras. Sie biegen die Grashalme über ihre Nester, sodass niemand sie sehen kann.

Da ist der Fuchs wieder!
„Bleib du ganz ruhig", flüstert Kie Bitz. „Ich habe einen tollen Trick."
„Au. Au. Au", schreit er.
Der Fuchs spitzt seine Ohren. Er schleicht dichter heran.
„Au. Au. Au", ruft Kie Bitz. „Ich habe mir meinen Flügel gebrochen."
Er lässt einen Flügel schlapp an seinem Körper herabhängen und humpelt durch das Gras.
Der Fuchs ist bereit, sich auf Kie Bitz zu stürzen.
Da breitet Kie Bitz seine großen Flügel aus. „Kiju wit. Kiju wit", ruft er sehr laut. Er fliegt aus dem Gras auf und dicht über den Fuchs hinweg. Der bekommt den Schreck seines Lebens und läuft so schnell er kann davon.

Türe Lüür hat während der ganzen Zeit still dagesessen und zugesehen. Nun traut sie sich wieder, ihren Schnabel zu öffnen.
„Das hast du toll gemacht!", sagt sie. „Der Fuchs dachte wirklich, dass dein Flügel gebrochen wäre!"
„Kiju wit. Kiju wit", lacht Kie Bitz. „So machen wir es dann auch, wenn er versucht, sich die Vogelbabys zu schnappen."
Türe Lüür setzt sich beruhigt in ihr Nest. Einige Meter weiter kriecht Kie Bitz unter das gebogene Gras in sein eigenes Nest. Es wird ganz leise auf der Wiese. Die Sonne versinkt langsam. Doch wer ganz genau hinhört, kann noch ein leises „Kiju wit" und ein „Tjüüt lüü lüü" vernehmen. Dann geht das Licht der Sonne aus und der Mond wird wie eine kleine Lampe über dem Pfahl angeknipst.

Gut zugehört?

- Was hat Türe Lüür auf der Wiese vor?
- Wovor hat sie Angst?
- Was kann Kie Bitz gut?
- Wie verjagt Kie Bitz den Fuchs?
- Welche Lieder pfeifen Türe Lüür und Kie Bitz?

Und jetzt du!

- Wovor hast du manchmal Angst?
- Kennst du auch einen Trick, mit dem du andere erschrecken kannst?
- Welches Lied singst du, wenn du froh bist?
- Erzähle etwas Gutes über eine Freundin oder einen Freund von dir.
- Woher weiß man, dass die beiden Vögel Freunde sind? Und woher weißt du das bei deinen Freunden?

„Wir verjagen den Fuchs!"

FREUNDE FÜHLEN SICH SICHER BEIEINANDER

→ Was machst du, wenn du Angst hast? Dich verstecken? Du könntest auch zu deinen Freunden gehen. Freunde sind immer für dich da, auch wenn du es mal schwer hast oder dich bedroht fühlst. Freunde beschützen sich. Türe Lüür und Kie Bitz sind sich überhaupt nicht ähnlich. Und doch helfen sie sich gegenseitig. Nicht nur, wenn Gefahr droht, sondern auch, wenn alles gut ist. So stärken sie sich gegenseitig und wachsen daran.

→ **Für den Vorleser:** Wann fühlst du dich schon mal ängstlich oder unsicher? Was machst du dann?

Wer sind Türe Lüür und Kie Bitz?

- Türe Lüür ist ein Rotschenkel. Er heißt so wegen seiner roten Beine. Er hat einen roten Schnabel und gehört zur Familie der Schnepfenvögel. Rotschenkel wohnen gerne in der Nähe von einem Kiebitz. Kiebitz ist der Name eines echten Vogels. Er hat große Flügel und eine witzige Federhaube. Er denkt sich allerlei Streiche aus, um Angreifer, wie zum Beispiel Füchse oder Wiesel, abzuwehren. Dadurch ist es in seiner Nähe auch für den Rotschenkel sicherer. Der Kiebitz tut oft so, als hätte er einen verletzten Flügel. So kann er Angreifer anlocken und dann ganz plötzlich erschrecken.
- Woran kannst du einen Rotschenkel oder einen Kiebitz erkennen? Kannst du sie beide malen?

Machen!

- Spiele Verstecken. Eins, zwei, drei, vier Eckstein, alles muss versteckt sein!
- Hokuspokus! Lerne einen Zaubertrick.

FREUNDE SIND GERNE ZUSAMMEN

Gira

„Flupp!" Der Frosch ist weg. Gira schaut ihm verdattert nach. Den ganzen Tag schon versucht sie, am Ufer einen Frosch zu fangen, aber es klappt nicht. Gira hat Hunger. Aber die Frösche sind zu schnell.

Gira streckt den Kopf aus dem Gras heraus. Sie riecht einen anderen Vogel. Wo ist er?
Hinter einem niedrigen Gebüsch hört sie es leise piepen. „Kuckuck."
Gira hüpft etwas näher heran.
Der Vogel ist traurig. Er lässt seine Flügel hängen. Er schaut auf einen Blätterhaufen.
„Das war mal mein Nest", seufzt der Vogel. „Aber sie haben alles kaputt gemacht."
Zusammen schauen sie auf die ramponierten Zweige und die zerrissenen Blätter.
Eine dunkle Wolke schiebt sich vor die Sonne.

„Wie heißt du?", fragt Gira.
„Ich heiße Giro", sagt der Vogel.
„Das ist aber lustig", sagt Gira. „Gira und Giro. Sollen wir Freunde werden?"

Die beiden Vögel tapsen durch das Gras. Es kitzelt an ihren Füßen und an ihren langen Schwanzfedern.
„Du hast vier Zehen", lacht Giro. „Ich auch."
Sie schauen auf ihre Zehen. An jedem Fuß zeigen zwei Zehen nach vorne und zwei Zehen nach hinten.
Giro versucht, auf Giras Füße zu treten. Es gelingt ihm nicht. So laufen sie durch das Gras und spielen. Die dunkle Wolke am Himmel hat sich verzogen. Die Sonne scheint auf die beiden Freunde.

„Kuckuck! Dürfen wir mitspielen?" Vier lustige Vögel kommen über die Zweige auf sie zugelaufen. Sie sehen genauso aus wie Gira und Giro.

Auf die Füße eines anderen zu tappen ist ein lustiges Spiel. Ein Vogel tritt auf die hinteren Zehen von Gira. Sie fällt hin. Aber es tut überhaupt nicht weh. Die Vögel zwitschern vor Freude. Es ist, als würde ein leise pfeifender Wind über das Gras streichen. Nun sind die Vögel schon eine ziemlich große Gruppe geworden. Es sind bestimmt schon zwanzig Vögel. Zusammen breiten sie ihre Flügel aus. Sie fliegen tief über das Gras und das Wasser.

Plötzlich sehen sie, dass ein Frosch im Gras sitzt. Sie lassen sich aus der Luft hinabfallen und bilden einen Kreis um den Frosch. Der kann nun nicht mehr weg!
„Haps!"
Da, noch ein Frosch! Und noch einer! Jedes Mal umzingeln die Vögel den Frosch. So kann reihum jeder einen Frosch fressen. Lecker!

Dann kommen sie bei Giros zerstörtem Nest an.
„Ich möchte ein neues Nest bauen", sagt Giro. „Aber andere Tiere machen es immer wieder kaputt."
„Können wir nicht zusammen ein großes Nest bauen?", fragt Gira. „Ein großes, stabiles Nest. Wir legen alle zusammen unsere Eier hinein. Es wird immer jemand zu Hause sein. Und später können die kleinen Vögel miteinander spielen."
Die anderen Vögel finden die Idee gut. Sie tragen Zweige und Grashalme herbei. Es wird ein sehr großes Nest. Es passen bestimmt zwanzig Eier hinein. Und bald zwanzig kleine Vögel.

„Und nun fangen wir Frösche!", ruft Gira. Sie fliegt mit einigen Freunden zum Wasserrand. Im Nest warten Giro und seine Freunde, bis sie zurück sind. Dann schiebt der Mond die Sonne weg. Es wird ruhig. Alle Vögel rücken im warmen Nest dicht zusammen.
„Kuckuck", sagen sie. „Kuckuck. Schlaft gut. Bis morgen. Kuckuck."

Gut zugehört?
- Warum ist Gira unglücklich?
- Und warum ist Giro traurig?
- Was sieht bei Gira und Giro gleich aus?
- Welches Spiel spielen sie gerne?
- Wie können sie ganz einfach Frösche fangen?

Und jetzt du!
- Am Anfang machen Gira und Giro alles alleine. Gefällt ihnen das? Was machst du gerne alleine und was machst du lieber zusammen mit anderen?
- Die Vögel finden neue Freunde. Wie schließt du neue Freundschaften?
- Zusammen sind die Vögel stärker als alleine. Woran merkt man das?
- Die Vögel bauen gemeinsam ein großes Nest. Mit wem würdest du gerne ein großes Nest bauen?
- Die Vögel sagen „kuckuck" zueinander. Denk dir ein Wort oder ein Geräusch aus, mit dem du und deine Freunde euch begrüßen könnt.

„Zusammen bauen wir ein großes Nest."

FREUNDE SIND GERNE ZUSAMMEN

→ Wenn du einen Freund triffst, fangt ihr wahrscheinlich beide an zu lächeln. Es macht dich froh, wenn du mit deinen Freunden zusammen bist. Du vermisst sie, wenn du sie eine Zeit lang nicht siehst. Danach habt ihr euch viel zu erzählen. Freunde können aber auch zusammen still sein. Zusammen zu sein ist manchmal schon genug.

→ Für den Vorleser: Mit wem verbringst du gerne Zeit? Was macht ihr dann?

Wer ist Gira?

- Der *Guira guira* gehört zur Familie der Kuckucksvögel. Er lebt in Südamerika. Die *Guira guiras* sind sehr soziale Vögel. Sie leben meistens in Gruppen zusammen. Sie können sich am Geruch erkennen. Sie suchen zusammen nach Nahrung und jagen Frösche. Und sie bauen gemeinsam ein großes Nest. Darin sitzen alle Väter und Mütter zusammen auf einem großen Berg von bis zu zwanzig Eiern. So können sie sich gut verteidigen, wenn ihr Nest angegriffen werden sollte. Um gut über die Zweige klettern zu können, haben sie vier Zehen an jedem Fuß: Zwei zeigen nach vorne und zwei nach hinten.
- Woran kannst du *Guira guiras* wie Gira und Giro erkennen? Zeichne sie in einem großen Nest.

Machen!

- Mache etwas Schönes für die Menschen, die du gerne hast: Male ein Bild, schreibe einen Brief oder bastele etwas …
- Baue zusammen mit Freunden ein großes Nest, eine Höhle, eine Hütte oder ein Versteck. Was könntet ihr dort zusammen machen?

FREUNDE SIND OFFEN ZUEINANDER

 *Takka*

Takka trippelt von einem Fuß auf den anderen. Er ist ein bisschen nervös. Gleich lassen Mama und Papa ihn alleine. Zum ersten Mal. Bis heute war immer mindestens einer von ihnen bei ihm. Aber Takka isst sehr viel. Mama und Papa müssen nur weiter schwimmen, um etwas zu fressen aus dem See zu holen. Takka kann das schon verstehen. Er mag Sardellen und Tintenfisch ja auch sehr gerne. Aber den ganzen Tag ohne Mama und Papa? Die weißen Federn an seinem Bauch beben.

Die anderen Pinguine in der Vogel-Kita spielen Verstecken. Takka kennt hier niemanden. Er versteckt sich hinter einem Felsen. „Ssspanta", flüstert ein anderer Pinguin, der sich auch hinter dem Felsen versteckt hat. „Ssspanta."
Takka weiß, dass er nun leise sein muss.

Hier finden sie uns nie, denkt Takka. Der Fels liegt in einer großen Wasserlache mitten auf dem Strand.
„Wie heißt du?", fragt er den anderen Pinguin.
„Ping", sagt der.
Takka lacht. „Ein guter Name für einen Pinguin", sagt er.
Ping zieht seine Augenbrauen zusammen.
„Ich finde den Namen blöd", sagt er. „Ich heiße nicht gerne Ping. Die anderen Pinguine lachen mich aus: ‚Ping, Ping, verrücktes Ding!', rufen sie dann. Oder ‚Ping Ping Pinguin!' Ich würde lieber König Arthur heißen, so wie mein Freund."

Takka schweigt. Ob die anderen sie wohl schnell finden werden, hier hinter dem Felsen?
„Was ist ein Freund?", fragt er.
Ping zieht seine Augenbrauen hoch, drückt den Schnabel gegen seine Brust und spreizt die Flügel.
„Ein Freund ist das Wichtigste, das es gibt", sagt er feierlich.
„Woher weiß man, dass jemand ein Freund ist?", fragt Takka.
„Wenn man gerne zusammen ist. Wenn man sich alles sagen kann.

Und wenn man sich gegenseitig hilft", sagt Ping, als ob er schon lange und gründlich darüber nachgedacht hätte.

„Ping Ping, ich habe dich gesehen!", ruft ein großer Pinguin, der seinen Kopf über den Felsen steckt.
Es ist vorbei mit dem Versteckspiel. Alle Pinguine in der Vogel-Kita planschen mit ihren schwarzen Füßen in der großen Pfütze.

Ping dreht seinen Kopf und seinen Hals wie eine Feder im Wind.
„IE-AAH", ruft er. „IE-AAH!"
Das klingt aber schön, denkt Takka.
Vorsichtig streicht er die Federn in Pings Nacken glatt.

Ein anderer Pinguin kommt näher. Es ist König Arthur.
„Ich habe dich sofort erkannt", sagt er. „IE-AAH. IE-AAH."
Ping und König Arthur machen beide das gleiche Geräusch.
„Daran erkennen wir uns", sagt Ping. „Sollen wir es dir auch beibringen?"
Takka übt. Hoch und tief. Dunkel und langsam.
Sie bringen ihm bei, auf die gleiche Weise wie sie Kopf und Hals zu drehen.
Wie eine Feder im Wind.

„Alle müssen sich verstecken!", ruft ein großer Pinguin. Ping, Takka und König Arthur laufen so schnell sie können zu einer tiefen Kuhle im Sand. Darin verstecken sie sich. Niemand kann sie sehen. Sie streichen sich gegenseitig die Federn glatt. Sie üben, den Tanz mit dem Kopf genau gleichzeitig zu machen. Nun können sie sich unter den vielen anderen Pinguinen gegenseitig erkennen.

„Worin bist du gut?", fragt König Arthur Takka.
Takka braucht nicht lange nachzudenken. Er drückt seinen Schnabel gegen die Brust, spreizt die Flügel und sagt: „Ich helfe anderen. Ich traue mich zu sagen, was ich denke. Und ich bin gerne mit euch zusammen." Als ob er schon lange und gründlich darüber nachgedacht hätte.
„Dann sind wir Freunde", lacht König Arthur.

„Ich habe euch gesehen!", ruft der große Pinguin. Aber Ping, Takka und König Arthur bleiben in ihrer Kuhle im Sand sitzen. Das Wasser kommt langsam näher. Bald wird die Kuhle voller Wasser laufen. Dann werden sie zum Strand schwimmen. Aber jetzt bleiben sie noch kurz sitzen.

„Takka! Takka!", rufen Mama und Papa. Sie sind zurück von ihrer großen Fischfang-Tour. Es ist Essenszeit. Mmh, lecker!
Takka streckt seinen Kopf aus der Kuhle. Er dreht seinen Hals und seinen Kopf wie eine Feder im Wind.
„IE-AAH. IE-AAH", macht er. „Ich komme!"
Ping und König Arthur streichen sanft die Federn an seinem Hals glatt.
Der rosa Fleck über seinen Augen leuchtet in der Abendsonne.

Gut zugehört?

- Zu Beginn ist Takka ein wenig ängstlich. Warum?
- Was spielen die Pinguine in der Vogel-Kita?
- Ping zählt drei Dinge auf, an denen man einen Freund erkennt. Welche drei sind das?
- Woran erkennt man, dass Takka, Ping und König Arthur Freunde sind?
- Hat Takka am Ende der Geschichte noch Angst, in die Vogel-Kita zu gehen? Woran kannst du das erkennen?

Und jetzt du!

- Die anderen Pinguine lachen Ping manchmal aus. Warum tun sie das? Wen lachst du manchmal aus?
- Und wer lacht dich manchmal aus? Was machst du dann?
- König Arthur ist ein ziemlich verrückter Name für einen Pinguin. Wenn du für dich einen verrückten Namen aussuchen könntest, wie würdest du dich nennen?
- Nenne jemanden, mit dem du gerne zusammen bist. Was macht ihn oder sie so besonders?
- Was ist dein Lieblingsplatz, um dich zu verstecken?

FREUNDE SIND OFFEN ZUEINANDER

→ **Takka ist neu in der Vogel-Kita. Ping kümmert sich sofort um ihn. Er erzählt von sich und über Freunde. Er bringt Takka mit seinen Freunden zusammen, wie zum Beispiel König Arthur. Sie teilen ihre kleinen Geheimnisse: wie sie sich gegenseitig rufen und wie sie ihren Kopf drehen, um sich zu finden. Sie lernen voneinander und streichen sich gegenseitig die Federn glatt. So machen Freunde das.**

→ **Für den Vorleser: Welchen Freund hast du über einen anderen Freund kennengelernt? Wie lief das genau ab?**

„Du bist ein echter Freund!"

Wer ist Takka?

- Pinguine sind Vögel: Sie haben Federn und legen Eier. Takka ist ein Brillenpinguin. Er wohnt in Südafrika am Meer. Da ist es warm. Er kann sehr gut schwimmen. Seine Füße und sein Rücken sind schwarz, sein Bauch ist weiß. Es sieht aus, als würde er eine Brille tragen. Brillenpinguine leben in großen Gruppen zusammen. Wenn die Eltern auf Nahrungssuche gehen, bringen sie ihre Kinder in eine Art Kita oder Kindergarten. Um sich wiederzuerkennen, benutzen diese Pinguine viele verschiedene Laute, Haltungen und Bewegungen. Wenn sie Freunde sind, drehen sie ihre Köpfe und Hälse auf die gleiche Weise. So können sie sich in großen Gruppen leichter wiederfinden. Dann streichen sie auch gegenseitig ihre Federn wieder glatt.
- Woran kannst du einen Brillenpinguin wie Takka erkennen? Zeichne ihn zwischen seinen beiden neuen Freunden.

Machen!

- Vereinbare mit deinen Freunden, dass ihr euch verrückte Tarnnamen füreinander überlegt. Die darf erst einmal niemand anderes wissen.
- Wie könntest du dich auch mit den Freunden deiner Freunde befreunden? Was könntet ihr zusammen machen?

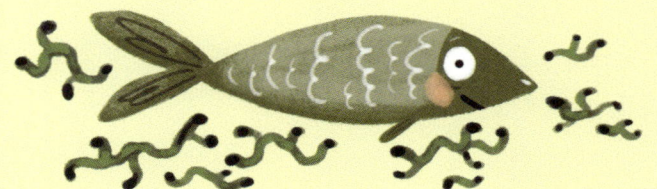

FREUNDE ERGÄNZEN SICH

Yin und Yang

Yin breitet seine großen Flügel aus. Er dreht sich auf seinen langen Füßen und springt hoch in die Luft. Yang macht dasselbe. Ausbreiten, drehen, springen. Ihre langen Hälse schauen weit aus dem Schilf heraus. Dann sperren sie gleichzeitig ihre spitzen Schnäbel auf. Ihr Ruf schallt über den Sumpf wie ein schepperndes Orchester aus Gabeln und Löffeln. Dann wird es still. Sehr still.

„Ich muss los", sagt Yin. Er schaudert und schaut betreten zu Boden.
Yang plustert seine Brustfedern auf und starrt in die Sonne. Er sagt nichts.
„Ich werde diesen Ort nie vergessen", sagt Yin.
Ein Frosch quakt. Aber die beiden Vögel lassen ihn in Ruhe.

„Weißt du noch, wie lecker unser erster Frosch war?", fragt Yin.
„Wir bekamen ihn erst nicht zu fassen. Ich stolperte über meine eigenen Füße und fiel ins Wasser. Wir wussten noch nicht, dass man ganz leise sein muss, um einen Frosch in den Schnabel zu bekommen."
Yang lacht. Die Sonne glitzert im Wasser.

„Fortgehen ist wirklich nicht schön", sagt Yin. „Ich kann noch nicht einmal etwas mitnehmen."
Yang zupft vorsichtig zwei Federn aus seinem Schwanz. Er gibt sie Yin.
Der versteckt die Federn vorsichtig unter seinem Flügel.

„Ich werde immer an dich denken", sagt Yin. „Die Reise soll lang sein, sagen sie. Sehr lang. Wievielmal kurz ist denn eigentlich einmal lang? Vielleicht muss ich über 700 Flüsse fliegen. Ich werde einfach geradeaus fliegen. Als ob es nur einen Weg gäbe. Eine Autobahn in der Luft. Ob es über den Wolken wohl Wegweiser gibt?"
Yang schüttelt den Kopf.

Die grauen Wolken hängen nun tief über den Bäumen.
Sie sind mit Regen gefüllt, der jeden Moment losbrechen kann.

„Wie wohl die Oberseite einer Wolke aussieht?", fragt Yin.
„Ich bin noch nie über den Wolken geflogen. Aber nun muss es sein. Dann kann ich auf dem Wind gleiten."
Zusammen schauen sie auf die hohen Berge in der Ferne. Noch halten diese die Wolken ein wenig zurück.
„Auf dieser Seite ist der Berg dunkel", sagt Yin. „Ob er wohl auf der anderen Seite genauso dunkel ist? Vom Boden aus kann man nie zwei Seiten eines Berges gleichzeitig sehen. Aber wenn ich hinüberfliege, kann ich endlich den ganzen Berg sehen. Ob er auf der anderen Seite vielleicht grün ist? Oder lila oder blau oder rosa?"

Yin schaut zu Yang. Sie blinzeln beide kurz mit ihren Augen.
„Singen wir noch einmal zusammen?", fragt Yin.

Yin und Yang breiten ihre Flügel aus. Zuerst springen sie einmal kurz in die Luft. Dann drehen sie ihre Hälse und springen zusammen bestimmt einen Meter hoch. Und noch einmal. Und noch mal. Sie stehen gerade wie ein Stock im Wasser. Dann wedeln sie mit ihren Füßen und Flügeln.
„Du wolltest mir noch Kung-Fu und Karate beibringen", seufzt Yin. „Und Tai-Chi. Aber die Zeit ist um. Wie lange dauert Zeit eigentlich? Und was ist der Unterschied zwischen gestern und morgen?"

Beide klappen ihre großen Schnäbel auf und schauen nach oben. Ihr schepperndes Orchester schallt schrill über die Bäume bis hin zu den hohen Bergen. Das Echo wirft die Katzenmusik wieder zurück bis in den Sumpf. Aus den tief hängenden Wolken fallen die ersten Tropfen.

„Jetzt muss ich aber wirklich los", sagt Yin. „Ich werde dich vermissen."
Er stellt sich gerade hin, breitet seine blaugrauen Flügel aus und nimmt Anlauf.
Da fliegt er. Hoch hinauf in die Wolken, die Berge vor sich. Zurückschauen kann er nicht.

Dann stellt Yang sich gerade hin, breitet seine Flügel aus und nimmt Anlauf.
„Warte! Ich komme mit", sagt er.

Gut zugehört?
- Warum ist Yin traurig?
- Yin ist ganz anders als Yang. Woran merkt man das?
- Was können Yin und Yang gut zusammen?
- Yin ist sehr neugierig. Welche verrückten Fragen stellt er?
- Was macht Yang, als Yin losfliegt?

Und jetzt du!
- Nenne einen Freund von dir. Zähle drei Dinge auf, worin er ganz anders ist als du.
- Zähle drei Dinge auf, in denen ihr euch ein bisschen ähnlich seid.
- Yin stellt schwierige Fragen. („Wievielmal kurz ist einmal lang?" usw.) Stellt euch gegenseitig eine Frage, auf die der andere keine Antwort weiß.
- Findest du es manchmal schwierig, nichts zu sagen und nur zuzuhören? Wie fühlst du dich, wenn jemand wirklich zuhört?
- Wann gelingt es dir, auch mal ganz still zu sein? Wie fühlst du dich dann?

„Ich möchte bei dir bleiben."

FREUNDE ERGÄNZEN SICH

→ **Yang sagt nicht viel. Er hört sehr gut zu, was Yin alles erzählt. Er zeigt, dass er Yin versteht. Er gibt ihm eine Feder oder schüttelt seinen Kopf. Jeder Vogel und jeder Mensch ist anders. Echte Freunde nehmen sich Zeit für dich. Sie wollen nicht nur selbst zu Wort kommen, sondern sind auch mal still. Der eine hört dem anderen zu. Yang braucht nicht viele Worte, um zu zeigen, dass er ein guter Freund ist. Yin und Yang ergänzen sich.**

→ **Für den Vorleser:** Finde etwas über Yin und Yang heraus. Erzähle, was dich ins Gleichgewicht bringt.

→ **Übt euch gemeinsam im Zuhören.** Jeder erzählt, was ihn glücklich macht. Der andere hört aufmerksam zu und fasst es dann zusammen: „Habe ich dich richtig verstanden: Dich macht es glücklich, wenn …" Unterbrecht euch nicht.

Wer sind Yin und Yang?

- Yin und Yang sind Kraniche. Das sind große, elegante Vögel, die springen und tanzen können wie Menschen, die gerade Kung-Fu oder Karate machen. Sie fliegen nicht mit eingezogenem Hals (so wie Reiher), sondern strecken ihn beim Fliegen lang nach vorne. Kraniche sind Zugvögel, die sehr weit fliegen können. Zwei Vögel bleiben oft ihr ganzes Leben zusammen. Kraniche gelten auf der ganzen Welt als Symbol für Frieden und Freundschaft. Wer in Japan aus Papier einen Kranich für jemand anderen faltet, wünscht ihm damit Glück und Gesundheit. Yin und Yang sind im Chinesischen die Namen zweier Kräfte. Sie zeigen sich oft in Gegensätzen (schwarz und weiß, warm und kalt), aber es kann das eine nicht ohne das andere geben. Genau wie Freunde.
- Kannst du Yin und Yang, die beiden Kraniche, zeichnen? Vielleicht kannst du auch nachschlagen, wie das Symbol für Yin und Yang aussieht, und es in die Zeichnung einarbeiten.

Machen!

- Suche im Internet nach „Origami" und schaue dir an, wie man einen Kranich aus Papier faltet. Verschenke den Kranich an jemanden, dem du Glück und Gesundheit wünschst.
- Schaue im Internet nach, wie Kraniche tanzen. Könnt ihr das zusammen nachmachen?

Extra

Machen!
- Welchen Vogel aus diesem Buch hättest du am liebsten zum Freund?
- Welche Eigenschaft eines Freundes findest du am wichtigsten? Sieh dir alle zehn Eigenschaften in diesem Buch an und bringe sie in eine andere Reihenfolge. Was ist deine Top Ten?
- Welche Geschichte gefällt dir am besten? Warum?
- Welcher Vogel aus diesem Buch wärst du am liebsten?
- Und welcher Vogel wärst du gar nicht gerne?
- Suche nach Zeichnungen, Fotos, Filmen, Stimmen und Informationen einiger Vögel aus diesem Buch. Was entdeckst du sonst noch?
- Male ein großes Bild mit allen Vögeln aus diesem Buch. Kannst du jedem Vogel eine typische Eigenschaft geben?
- Male ein Bild oder bastele eine Collage, worin du einen oder mehrere deiner Freunde wiedererkennst. Wie sähen deine Freunde als Vögel aus?
- Stelle eine kleine Ausstellung zu Glück und Freundschaft zusammen.
- Was könnte man unternehmen, damit weniger Menschen von anderen geärgert werden und mehr Menschen echte Freunde werden?

Vögel beobachten!
- Besuche eine Vogelbeobachtungsstation oder Vogelwarte in deiner Nähe, nimm ein Fernglas mit und entdecke in aller Ruhe neue Vogelarten. Unter www.vogelundnatur.de/hotspots gibt es eine Karte mit den schönsten Vogelbeobachtungsorten in Deutschland.
- Man kann auch in einen Vogelpark fahren, zum Beispiel nach Walsrode oder Marlow. In Österreich gibt es beispielsweise den Vogelpark Turnersee.

Es gibt noch weitere Publikationen für Kinder und junge Leute von Leo Bormans:
- *Glück für Kinder. Zehn Wege zum Glück als Vorlesegeschichten*
- *Eine Schatzkiste voll Glück. The World Box of Happiness*

Erwachsene finden weitere Inspirationen in diesen Büchern von Leo Bormans (alle bei DuMont erschienen):
- *Glück. The New World Book of Happiness*
- *Liebe. The World Book of Love*
- *Hoffnung. The World Book of Hope*
- *Der Glückstest. Wie werde ich Schritt für Schritt glücklicher?*